AF370272

NOTICE

SUR

LES MOYENS DE SE PROCURER

DE LA GLACE

EN TOUS LIEUX ET EN TOUTES SAISONS,

SANS LE SECOURS DES GLACIÈRES;

Par M. DU MEILET, *ancien Député.*

EVREUX;

De l'Imprimerie d'ANCELLE fils, Imprimeur de la Préfecture,
etc., etc.

1827.

NOTICE

Sur les moyens de se procurer de la GLACE en tous lieux et en toutes saisons, sans le secours des Glacières.

Le bien-être que nous cause, pendant les chaleurs de l'Eté, l'usage des boissons glacées, est une indication de la nature, qui nous fait connaître par une sensation agréable que ces boissons sont encore un excellent moyen d'hygiène. L'expérience a confirmé la vérité de cette indication, et dans les pays méridionaux de l'Europe, en Italie, par exemple, les classes les moins aisées retranchent quelque chose de la dépense de leur nourriture solide, afin de pouvoir se procurer la glace nécessaire au rafraîchissement de leurs boissons. Les Médecins ont reconnu également que la grande quantité de liquide que le climat les forçait de consommer, devenait tonique par son mélange avec la glace, tandis qu'elle eut produit un effet contraire, si sa température n'eut pas été abaissée. La glace est encore un agent et un remède extérieur très-actif, dont l'emploi est indiqué avec un grand avantage dans plusieurs maladies inflammatoires. Une Notice sur les moyens de se la procurer dans tous les tems et dans tous les lieux, pourra donc présenter quelque intérêt ; et c'est sous ce rapport que j'ai cru utile de publier les observations que j'ai été à même de recueillir,

(4)

Je ne puis toutefois me dissimuler que le résultat de ces observations perdrait à peu près tout son prix , et qu'il ne serait plus qu'un simple objet de curiosité , si l'usage des glacières était plus répandu ; mais encore les circonstances ou le défaut de gelée dans le courant d'un hiver ne permettent pas toujours de les remplir , et d'ailleurs si le service n'en est pas fait avec des précautions scrupuleuses , mais indispensables, elles se trouveront vides précisément à l'époque de l'année à laquelle on espérait en faire usage. Enfin , un des grands moyens de conservation de la glace dans les glacières , étant de s'abstenir rigoureusement d'y pénétrer dès que le soleil est sur l'horizon , on ne pourrait sans danger d'une perte partielle ou même totale , se procurer de la glace pendant le cours de la journée , dès-lors un procédé à l'aide duquel on aura la faculté d'en obtenir à toute heure , sera encore de quelque utilité.

Tous les traités modernes de Chimie font mention des tableaux des mélanges frigorifiques de M. *Walker* , au moyen desquels on peut obtenir des degrés plus ou moins considérables de froid artificiel.

Ces mélanges se composent , 1.º d'eau et de sels ; 2.º d'acides et de sels ; 3.º de neige, de glace, de sels et d'acides.

La première classe n'a pas à beaucoup près produit les effets annoncés dans les tableaux. La troisième classe admettant de la neige et de la glace , et ces substances étant précisément celles que je n'avais pas à ma disposition et que je cherchais à me procurer , il était évident que ces mélanges , bien que très-utiles pour obtenir des degrés de froid extraordinaire, ne pouvaient me servir pour arriver au but que je m'étais proposé. Dès-lors j'ai dû me borner à fixer mon attention sur la classe indiquant des mélanges de sels et d'acides.

Ces acides sont l'acide hydro-chlorique , l'acide nitrique et l'acide sulfurique.

Les sels qui , dans nos recherches, peuvent être combinés avec ces acides , sont le sulfate de soude, l'hydrochlorate d'ammoniaque, le nitrate de potasse, le nitrate d'ammoniaque et le phosphate de soude.

Pour opérer avec toute l'économie possible , il était indispensable de n'employer que les substances les moins chères , et principalement celles dont on pouvait former un mélange simple , susceptible après l'opération , d'être utilisé au moyen d'une manipulation facile, afin d'être employé de nouveau et indéfinment.

L'acide sulfurique étendu et le sulfate de soude remplissent cette double condition.

L'acide sulfurique étendu est en effet le moins cher de tous les acides , puisque je ne l'emploie dans l'état où il est livré dans le commerce qu'après avoir été affaibli par une quantité d'eau d'un poids à peu près égal au sien , et que dès-lors sa valeur vénale se trouve réduite à peu près à moitié.

Le sulfate de soude que l'on peut d'ailleurs prendre d'une qualité inférieure , est également le sel le moins cher de ceux qui sont indiqués dans les tableaux de M. *Walker*.

Enfin , après l'opération, on peut tirer parti de ces mélanges en les saturant de carbonate de soude et en faisant évaporer la dissolution jusqu'à très-légère pellicule. Le produit sera de nouveau sulfate de soude , qui pourra être employé pour de nouveaux mélanges frigorifiques , ou être remis dans le commerce à des prix au moins égaux à celui auquel on se l'était procuré dans le principe.

Fixé sur le choix des matières premières à employer, il s'agissait d'étudier le résultat de leurs combinaisons. Toutefois le compte que je vais en rendre serait bien peu fidèle, si je ne m'empressais de reconnaître que le succès des opérations dans le détail desquelles je vais entrer, est entièrement dû à la coopération aussi éclairée que bienveillante de M. *Boutigny*, Pharmacien à Evreux. Je n'ai eu que le mérite bien léger de lui avoir suggéré l'idée première de ces recherches ; et à vrai dire, j'ai été seulement le premier témoin de ses travaux et de ses succès.

Un premier essai fut entrepris : Deux livres huit onces de sulfate de soude pulvérisé et deux livres d'acide sulfurique étendu (à 36°) ont été mélangés dans un bocal de verre. La température de l'atmosphère était à $+$ 10° de Réaumur ; le thermomètre plongé dans ce mélange s'est abaissé presque immédiatement à $-$ 8° : plusieurs fioles à eau de Cologne y furent successivement plongées, et en peu de minutes l'eau qu'elles contenaient fut entièrement convertie en glace. En brisant ces fioles, on obtint des rouleaux de glace fort dure et fort compacte.

Le succès de cette première expérience ne laissait plus de doutes sur les résultats qu'on pouvait obtenir du mélange employé. Il ne restait donc plus qu'à renouveller ces expériences en grand, de manière à obtenir des quantités de glace aussi considérables qu'on pourrait le désirer.

Il fallut d'abord trouver un appareil convenable, et celui dont M. *De Courdemanche*, Pharmacien à Caen, a donné la description dans un Mémoire sur la congélation artificielle de l'eau, Mémoire inséré dans le Journal de Pharmacie, onzième année, N.º 12, a paru devoir réunir une partie des qualités désirables.

Je ne puis ici me dispenser de déclarer que ce Mémoire a été pour moi d'un grand secours, et que j'ai tiré un parti avantageux des opérations qu'il décrit et des observations qu'il renferme.

L'appareil dont je viens de parler se compose, 1.º d'un petit seau de bois de 14 pouces de hauteur, de 5 pouces 6 lignes de diamètre à sa partie supérieure, et de 4 pouces 9 lignes seulement au fond ; 2.º d'un cylindre de fer-blanc de 12 pouces 6 lignes de hauteur, et de 4 pouces 3 lignes de diamètre, au milieu duquel est un second tuyau de même hauteur, de 2 pouces 6 lignes de diamètre et ouvert par ses deux extrémités. Ces deux cylindres sont soudés ensemble, en sorte que le plus grand est clos à sa partie inférieure, tandis que le plus petit qui est concentrique avec lui, est ouvert aux deux extrémités.

J'ai pensé que cet appareil serait encore plus commode si au lieu de 12 pouces 6 lignes, on donnait 15 pouces de hauteur tant au cylindre de fer-blanc qu'au tuyau concentrique. Cette nouvelle disposition qui a été adoptée, empêche le mélange contenu dans le seau d'avoir la moindre communication avec l'eau renfermée dans le vase de fer-blanc et qui est destinée à être convertie en glace. Enfin, on préviendra le désagrément que causerait le contact des gouttes qui pourraient rejaillir du mélange acide, en recouvrant le seau d'un disque de bois percé au milieu d'une ouverture circulaire d'un diamètre suffisant pour laisser passer le vase de fer-blanc. (1)

Muni de cet appareil le 22 Décembre 1826 , la température de l'atmosphère étant à + 6° Réaumur, à une heure après-midi , 5 livres de sulfate de soude pulvérisé et 4 liv. d'acide sulfurique à 36° ont été versées et mélangées dans le seau de bois ; le vase cylindrique de fer-blanc rempli d'eau de puits à la température de + 8° y fut immédiatement plongé.

à 1 h. une minute le mélange frigorifique indiquait — 8°.

à 1 h. 6 minutes l'eau contenue dans le cylindre.. o.

à 1 h. 11 minutes le mélange frigorifique. . . . . . — 4.

à 1 h. 15 minutes le mélange et l'eau.. . . . . . . — 1.

---

(1) Cette Note était terminée, lorsque mes réflexions sur la nécessité de détacher avec le plus grand soin les glaçons à mesure de leur formation, et sur la difficulté de cette opération , m'ont amené à penser qu'on pourrait donner à l'appareil une forme beaucoup plus commode. Je proposerais à cet effet de substituer au vase cylindrique de fer-blanc deux boîtes du même métal , ayant 12 pouces de longueur , 6 pouces 6 lignes de hauteur et 7 lignes de largeur. Ces deux boîtes destinées à contenir l'eau soumise à la congélation, seraient plongées simultanément et de manière à laisser entre elles un intervalle de 4 à 5 lignes, dans une autre boîte en bois contenant le mélange frigorifique , et construite dans la même forme, mais d'une longueur de 13 pouces 6 lignes de dedans en dedans, d'une largeur de 2 pouces 6 lignes également de dedans en dedans , sur 6 pouces de hauteur. L'opération deviendrait alors d'une extrême facilité. La couche d'eau soumise à la congélation étant d'une épaisseur beaucoup moindre que dans l'appareil cylindrique , serait d'autant moins long tems à être convertie en glace. Au lieu de faire agir continuellement

Les deux liquides se trouvant à la même température, et l'eau n'ayant plus de calorique à céder au bain, il était indispensable de recourir à un nouveau mélange.

Celui-ci, comme le premier, indiqua presqu'à l'instant une température de — 8°. La glace commença à se former contre les parois intérieures du vase de fer-blanc, et 15 minutes après, le mélange frigorifique et la partie de l'eau restée liquide entre les parois de glace indiquèrent une température commune de — 1°.

Un troisième mélange fut alors employé : il fit également descendre le thermomètre à — 8° : la glace formée dans l'intérieur augmenta de volume ; mais contre toute attente,

---

un ciseau pour détacher les glaçons, il suffirait de faire cette opération une fois ou deux, ou simplement de presser entre les doigts, pour les rapprocher l'une de l'autre, les feuilles de fer-blanc qui forment les grands côtés des boîtes. Les parties glacées se détacheront d'elles-mêmes, et elles permettront à l'eau restée dans l'intérieur à l'état liquide, de se mettre directement en contact avec les parois de fer-blanc, et de recevoir immédiatement l'effet des mélanges frigorifiques.

Chacune des boîtes de fer-blanc doit contenir à peu près une livre et demie de glace. Ainsi le nouvel appareil, composé de deux de ces boîtes, renfermera trois livres de glace, comme les vases cylindriques dont j'ai donné les dimensions.

M. *Boutigny* en a fait usage plusieurs fois, et le succès a répondu complètement à l'idée que je m'en étais faite.

Je n'ai pas besoin, je pense, d'ajouter que tout ce qui a été dit dans la Notice sur l'avantage qu'il y a dans l'opération de faire de la glace, à faire succéder les uns aux autres les mélanges frigorifiques, est essentiellement applicable aux nouveaux appareils que je viens d'indiquer.

la congélation entière n'eut pas lieu , et l'eau restée libre au milieu des deux parois de glace indiqua constamment — 1° : la cause de ce retard fut à l'instant reconnue. Une opération indispensable avait été omise, en négligeant de détacher soigneusement les parties de glace à mesure de leur formation, de manière à les rejetter dans la partie de l'eau restée liquide. Il résultait de cette omission , que cette eau, au lieu d'être en contact avec le mélange frigorifique dont la température était d'abord de — 8°, restait constamment renfermée entre deux parois de glace dont la température était seulement de — 1°.

L'opération avait donc été incomplète , et il fallut un quatrième mélange frigorifique et des efforts assez considérables pour détacher les parois de glace déjà formée , et arriver à une congélation parfaite.

Ce succès , quant au résultat, laissait donc beaucoup à désirer sous le rapport de la simplicité et de la promptitude des moyens destinés à l'obtenir. Il fallut recourir à la théorie ; et en partant de ce principe que les corps solides ne peuvent parvenir à l'état liquide qu'en absorbant du calorique qu'ils prennent nécessairement aux corps avec lesquels ils sont en contact, il parut indispensable pour obtenir d'un mélange le plus grand effet frigorifique possible, d'employer dans sa composition des substances dont l'action entre elles les fît passer le plus rapidement à l'état fluide.

M. *Douligny* pensa que ce but serait atteint en diminuant un peu la quantité de sel , et en augmentant l'énergie de l'acide. D'après ses indications , les mélanges durent se composer de quatre parties de sulfate de soude, et de trois parties d'acide sulfurique affaibli seulement à 41°. (Sept parties d'acide en poids sur cinq d'eau.)

L'expérience a pleinement confirmé ces prévisions. Le mélange frigorifique composé d'après ces dernières proportions, a produit un abaissement de température de —13°$\frac{1}{2}$; l'eau contenue dans le vase cylindrique de fer-blanc qui y fut plongé, parut se troubler dix minutes après, et des glaçons commencèrent à se former. Après 15 autres minutes, les deux liquides étaient ramenés à une température commune de — 1°. Un second mélange fut à l'instant préparé et il reçut le vase de fer-blanc ; les glaçons formés contre les parois intérieures augmentèrent de volume, ils furent soigneusement détachés, et 35 minutes après, c'est-à-dire une heure après le commencement de l'opération, la totalité de l'eau a été convertie en une masse de glace d'une grande dureté.

Je remarquai qu'en ce moment le bain frigorifique conservait une température de — 3°, et je ne doutai pas qu'en employant un second vase de fer-blanc qu'on aurait préalablement déposé dans le premier mélange abandonné, pour abaisser d'autant la température de l'eau qu'il contiendrait, je ne doutai pas, dis-je, que si ce vase eut été ensuite plongé dans le second mélange au moment où on a obtenu le premier pain de glace, et lorsque ce mélange indiquait encore une température de — 3°, on eût à l'aide d'un troisième mélange obtenu un second pain de glace.

Cet espoir a été complètement réalisé : j'eus besoin de glace le 28 du mois dernier ; l'opération que je viens d'indiquer a été exécutée à l'aide de deux appareils, et trois pains de glace pesant chacun 3 livres, ont été obtenus en deux heures de tems. Si un plus grand nombre eût été nécessaire , en continuant l'opération et faisant succéder les uns aux autres les mélanges frigorifiques , on aurait obtenu indéfiniment autant de nouveaux pains de glace qu'on aurait formé de mélanges. Le succès eût été d'autant plus certain , que par leur emploi continu , les appareils auraient acquis une température plus basse et par conséquent plus favorable à la congélation.

Ainsi , avec quatre mélanges frigorifiques , on a obtenu trois pains de glace pesant ensemble neuf livres , tandis que M. *De Courdemanche* a eu besoin de trois mélanges pour un seul pain de glace , et de deux autres de plus pour obtenir un second pain.

D'un autre côté , 15 livres d'acide et 20 livres de sel lui ont été nécessaires pour se procurer deux pains de glace , et dans l'opération que je viens de détailler , trois pains ou neuf livres de glace ont été obtenus avec 12 livres d'acide et 16 livres de sel.

Il reste pour compléter cette Notice à présenter quelques observations sur les opérations dont je viens de re dre compte. Je ferai d'abord remarquer qu'elles ont été exécu-tées , la température de l'atmosphère étant de 6° au-dessus de o. Dans l'Eté on sera privé de cet avantage , mais on le recouvrera en grande partie en préparant ses mélanges dans une cave , dont dans tous les lieux la température constante est à peu près de $+$ 10°. Il sera nécessaire dans ce cas , de n'employer l'eau , l'acide et le sel que lorsqu'ils auront été ramenés à cette même température. On y parviendra en employant l'eau sortant du puits , et ayant mis à la cave l'acide et le sel quelques heures avant d'en faire usage.

Quelque simples que soient les opérations ci-dessus , il ne faut pas néanmoins se dissimuler qu'un certain degré d'attention et des efforts constans sont nécessaires pour réussir complètement. Ainsi le sel devra être d'avance pulvérisé : plus il sera divisé , plus l'absorption du calorique sera rapide , et par conséquent plus l'effet frigorifique sera prompt.

Les mélanges devront , au moins dans les premiers momens , être agités de tems en tems , sans quoi le sel se précipiterait au fond du seau , toute son action aurait lieu dans cette partie , et deviendrait nulle dans la partie supérieure.

Les glaçons , à mesure de leur formation , devront être entièrement détachés et rejetés dans l'eau restée à l'état liquide : cette opération est de la plus grande importance , et de son exécution continue dépend presqu'entièrement le succès.

Toutes ces manipulations exigent quelques précautions , afin de ne pas faire rejaillir sur ses vêtemens et surtout sur son visage quelques portions du mélange frigorifique, qui étant composé d'acide sulfurique serait très- dangereux , si une seule goutte s'introduisait dans les yeux ; les vêtemens, dans cette circonstance , seraient également corrodés.

Enfin , lorsqu'on aura besoin de préparer son acide sulfurique et de le mélanger avec de l'eau pure ; pour l'abaisser au degré indiqué, il sera à propos de faire ce mélange six heures au moins avant d'en faire usage ; il sera même plus commode d'en avoir d'avance une certaine quantité toute préparée. Si on attendait, en effet , à faire cette opération au moment de composer ses mélanges frigorifiques, l'eau mêlée avec l'acide produirait une combinaison chimique de laquelle il se dégagerait beaucoup de calorique ; la liqueur acquerrait une assez grande chaleur , et jusqu'à son refroidissement, qui serait fort lent, elle serait impropre à la composition des mélanges frigorifiques.

J'ai cru devoir terminer cette Notice par une indication qui ne m'a pas paru étrangère au sujet qu'elle traitait.

Dans l'hypothèse où l'on voudrait seulement faire rafraîchir du vin, des sirops, du punch, etc., et ramener ces liqueurs à un degré de froid approchant de celui qu'on aurait obtenu de leur contact avec de la glace, on pourra se dispenser d'employer cette dernière substance : il suffira de se procurer un petit seau de bois de 4 pouces 6 lignes de diamètre, sur 12 pouces de hauteur, d'y verser une livre et demie d'acide sulfurique à 41°, et d'ajouter 2 livres de sulfate de soude bien pulvérisé. On agitera ce mélange, et on y plongera soit une bouteille de vin, soit une bouteille ou un vase cylindrique de fer-blanc contenant le liquide qu'on veut rafraîchir, une heure ou deux avant d'en faire usage. La seule précaution à prendre consistera à avoir soin que le fond de la bouteille touche le fond du seau, et à agiter le mélange frigorifique de tems à autre. La bouteille aura dû être préalablement débouchée en partie, de manière à permettre à l'air qu'elle contient de communiquer avec l'air extérieur. Au moment d'enlever la bouteille du mélange pour la servir, il sera convenable de la tremper rapidement dans de l'eau ordinaire et de l'essuyer de suite avec un mauvais linge, afin de prévenir les taches que les gouttes du mélange qui seraient restées adhérentes à la bouteille ne manqueraient pas d'occasionner.

Il me reste à parler des frais qu'entraîneront les opérations nécessaires pour faire de la glace. A vrai dire et en ce sens qu'au moyen d'une manipulation dont j'ai parlé plus haut, les matières premières se retrouveront sous la forme d'un nouveau sulfate de soude, la dépense sera nulle ou du moins de bien peu de chose : il n'en coûtera que le prix des appareils qui ne seront pas fort dispendieux , mais dont la durée ne sera pas longue , et dont par conséquent le renouvellement sera nécessaire. C'est donc la main-d'œuvre qu'il faudrait apprécier , et chacun le fera facilement, en se rappelant toutefois que , sans être difficile , elle exige des efforts constans et une attention soutenune.

J'ai omis d'indiquer la manière la plus simple de conserver la glace jusqu'au moment où on veut l'employer. Elle consiste à laisser , si on le peut, ses pains de glace dans les vases de fer blanc qui ont servi à leur formation , et à les envelopper dans de la paille , afin de les préserver du contact de l'air extérieur. On devra les placer ensuite dans une boîte de bois , qu'on déposera dans le lieu le plus frais dont on pourra disposer.

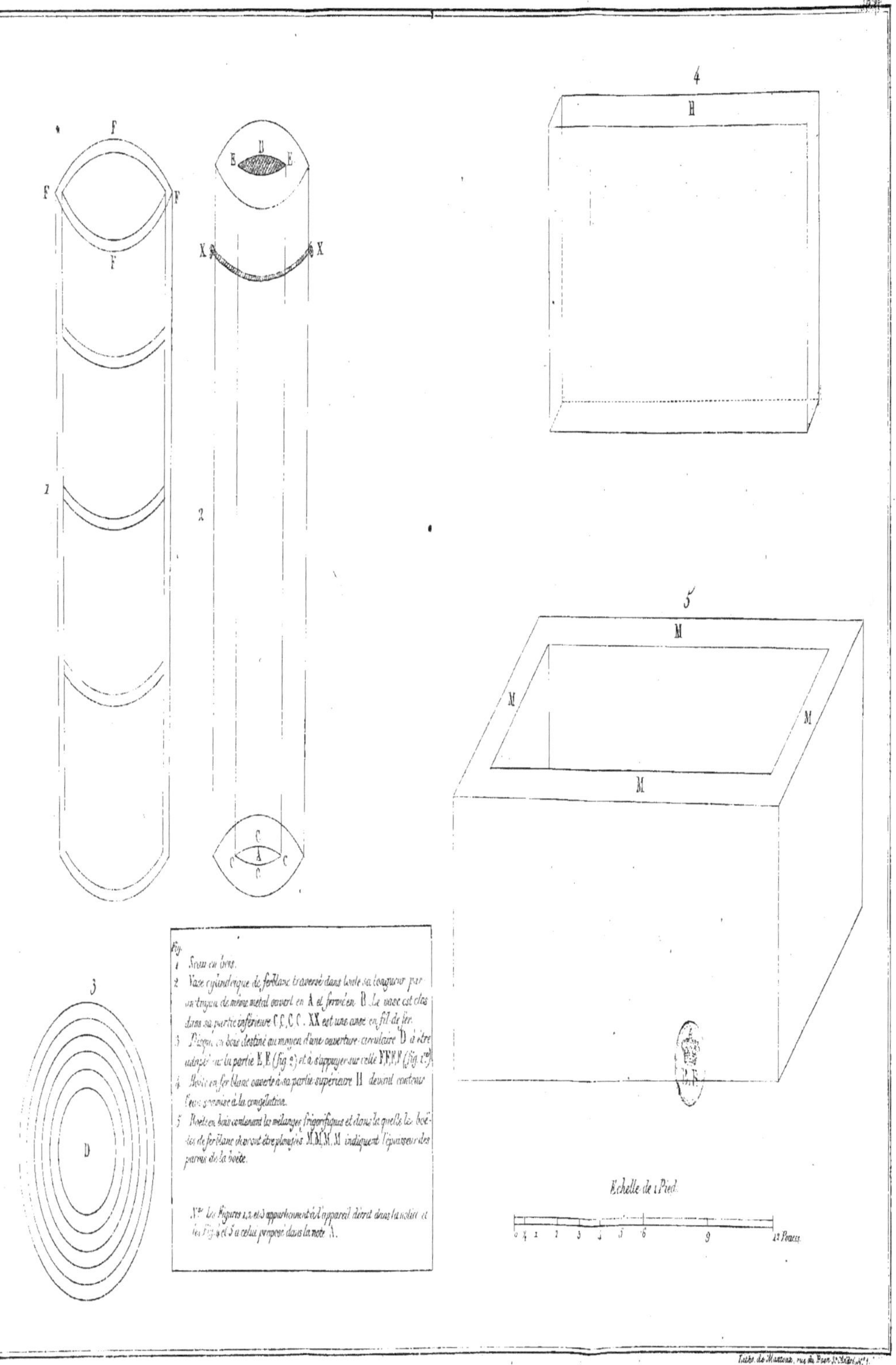

Fig.
1   Seau en bois.
2   Vase cylindrique de fer-blanc traversé dans toute sa longueur par un tuyau de même métal ouvert en A et fermé en B. Le vase est clos dans sa partie inférieure C.C,C C. XX est une anse en fil de fer.
3   Piston en bois destiné au moyen d'une ouverture circulaire D à être adapté à la partie E,E (fig 2) et à s'appuyer sur celle FF,F,F (fig. 1re).
4   Boîte en fer blanc ouverte à sa partie supérieure H devant contenir l'eau soumise à la congélation.
5   Boîte en bois contenant les mélanges frigorifiques et dans laquelle les boîtes de fer-blanc devront être plongées. M.M,M.M indiquent l'épaisseur des parois de la boîte.

N^{ta} Les figures 1,2 et 3 appartiennent à l'appareil décrit dans la notice et les figures 4 et 5 à celui proposé dans la note A.

Echelle de 1 Pied.

0 ¼ 1 2 3 4 5 6 9 12 Pouces.